観光立村！
丹波山通行手形

都会人が山村の未来を切り拓く

炭焼三太郎・鈴木克也著

はじめに

　丹波山（たばやま）は山梨県の東北部に位置し、東は東京都奥多摩町、西は甲府市、南は小菅村、北は埼玉県秩父市に接しています。

　面積は10.55平方キロメートルほどの山村です。多摩川の源流が東西に流れ都民の大切な水がめ奥多摩湖にそそいでいます。

　雲取山、飛龍山、大菩薩峠等の険しい山々に囲まれ全体の97％は山林、そのうち約90％は東京都の水源涵養林として守られ、深い緑と清らかな清流が四季折々美しい風景を楽しませてくれます。

　丹波山の歴史は古く、縄文時代から人々が住んでいました。奈良・平安時代には近くを日本の5街道の1つ「東山街道」が通っていたこともあって京都の影響も受けていました。今でも夏には祇園祭が開催されています。戦国時代には武田の金山として大いに栄えていました。江戸時代になると甲州裏街道の宿場町としての役割を果たしていましたし、昭和時代には国道・青梅街道とつながり、東京・甲州間の主要な街道の一部となりました。そのような歴史もあり、丹波山は「開かれた山村」という特徴を持っています。

　丹波山の「丹」は赤・朱色を表わします。風水術によると金赤・朱色は、お金持ち、恋愛が成功する色を表わ

はじめに

します。

　この地域の民話の中には、訪れると人に力を与えるというパワースポットもあります。(？)

　本書は丹波山を訪れる人のガイドブックとすると同時に、地域活性化のために、仕事として訪れる人にも役立てていただきたいということで、丹波山の過去・現在・未来を総合的に考え、具体的な問題提起もしています。ぜひご一読のうえ、本書を丹波山の通行手形として持ち歩いてください。

2016年5月
炭焼三太郎
鈴木克也

目次

はじめに ……………………………………………… 2

第1章 **丹波山の概要と魅力** ……………………… 7
 丹波山の概要 ……………………………………… 8
 丹波山の現状 ……………………………………… 10
 丹波山の位置 ……………………………………… 11
 丹波山の魅力 ……………………………………… 13

第2章 **大自然のポケット** ………………………… 15
 丹波山周辺の山の水系 …………………………… 16
 登山・トレッキング ……………………………… 20
 四季折々の風景 …………………………………… 24

第3章 **悠久の歴史・文化** ………………………… 27
 独特の生活文化 …………………………………… 28
 丹波山の歴史　開かれた山村 …………………… 30
  ◆縄文時代・住居跡・土器 …………………… 31
  ◆奈良・平安時代「東山街道」
       京文化の影響 ……… 32
  ◆戦国時代・武田の金山 ……………………… 33
  ◆江戸時代・甲州裏街道の宿場町 …………… 36

第4章 丹波山の楽しみ方 …………… 57
アウトドアレジャー ……………… 60
エンターテインメント …………… 62
祭・イベントへの参加 …………… 64
市民による文化・スポーツ活動 ……… 67

第5章 丹波山のもてなし …………… 71
丹波山の散策マップ ……………… 72
宿泊 …………………………… 76
温泉 …………………………… 81
飲食 …………………………… 82
買物 …………………………… 83

第6章 受けつがれる山菜料理 ……… 85
山菜の魅力 ……………………… 86
食用としての利用 ………………… 88
薬用としての利用 ………………… 93
おばあちゃんの山菜料理 ………… 95
山菜料理 ……………………… 105
地域ブランドとしての山菜 ……… 111
　◆既存の特産品 ……………… 113
　◆新しい商品づくり ………… 115
　◆保存・パッケージの工夫 … 119

第7章　**丹波山の未来**……………………123
　抱えている課題 ……………………124
　　●村長との対談
　　　観光の振興と産業基盤の強化 ……………126
　「山菜王国」としての現状評価 ……………133
　「山菜王国」の条件 ……………135
　　◆生産消費者大学 ……………136
　　◆山菜検定 ……………138
　　◆山菜入門検定 ……………140
　　◆愛好者のコミュニティ形成 ……………141
　産地のネットワーク ……………144
　東京マーケットへのアクセス ……………147
　「山菜研究所」設立の検討 ……………149

むすび ……………152
特典と協賛 ……………153
取材・編集等でご協力いただいた方 ……………157
参考文献・資料 ……………158
著者紹介 ……………159

第1章

丹波山の概要と魅力

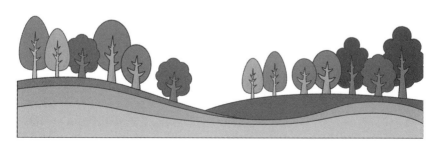

丹波山の概要

丹波山村

場所：山梨県北都留郡
面積：101.30km²
総人口：587人（推計人口、2015年11月1日現在）
隣接自治体：甲府市、北都留郡小菅村、東京都西多摩郡
　　　　　　奥多摩町、埼玉県秩父市

村役場所在地：〒409-0305
　　　　　　山梨県北都留郡丹波山村890

第 1 章　丹波山の概要と魅力

| 村章

　丹波山（たばやま）は東京近郊に位置していますが、周りは2000m級の山に囲まれた秘境です。全域が秩父多摩甲斐国立公園に属し、東京都の水源の保存林になっていますので、大自然が完全に保全されています。

　四季折々の風景、癒やしの空間、登山・トレッキングコースなど大自然の恵みがいっぱいです。

村のマスコットキャラクター

村の木・花・鳥

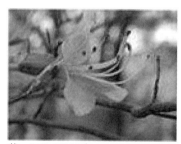

花　ミツバツツジ

鳥　コマドリ

木　ブナ

丹波山の現状

村の人口と世帯数の推移（国勢調査 各年10月1日現在）

		昭和35年	昭和40年	昭和45年	昭和50年	昭和55年
人口	男	1,146	984	776	669	587
	女	1,115	982	805	695	610
	計	2,261	1,966	1,581	1,364	1,197
0歳〜14歳		853	717	471	297	195
15歳〜64歳		1,250	1,083	945	891	800
65歳〜		158	166	165	176	202
世帯数		465	397	406	375	359

		昭和60年	平成2年	平成7年	平成12年	平成17年
人口	男	580	522	485	417	370
	女	569	515	496	449	410
	計	1,149	1,037	981	866	780
0歳〜14歳		154	119	100	79	63
15歳〜64歳		782	671	568	430	357
65歳〜		213	247	313	357	360
世帯数		413	397	406	375	359

平成20年　人口　男339　女346　計685
　（0〜14歳40　15〜64歳328　65歳〜317）
　世帯数　334

第 1 章　丹波山の概要と魅力

丹波山の位置

丹波山村

たばやまむら
日本の村

丹波山へのアクセス

　戦後JRや中央道、青梅街道などの道路網などの整備により、丹波山への交通アクセスは各段によくなりました。

○青梅街道（国道411号）新宿より日の出ICを経て、御岳渓谷、奥多摩湖経由で丹波山に入る。

○山梨県道19号上野原丹波山線（上野原から小菅村を経由して丹波山に入る）。

○JR中央線立川駅乗り換え、奥多摩駅から西東京バスで丹波山村に入る。

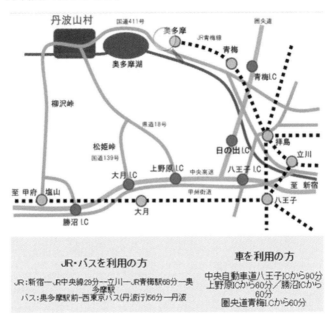

第1章　丹波山の概要と魅力

丹波山の魅力

本書の目的は丹波山の魅力を全体的に紹介することですが、ここであらかじめそのポイントを整理しておきましょう。

●「森の王国」

丹波山は周りを2000メートル級の山に囲まれ、97％は山地であり、森におおわれています。東京都の水源を守るため、保全林となっており、自然は完全に保存されています。ドライブによる四季折々の風景、登山・トレッキングなど、大自然の恵みを満喫できます。

●伝統行事と独自の生活様式

丹波山は地理的には東京に近いのですが、これまでは交通の便が悪かったこともあって大都市の文化に染まらず、長い歴史の中で培われた特色のある伝統行事が今でも続いています。

かといって、他の多くの山村のように中央の文化と切り離された閉鎖的な村とはちがった要素があります。この地域のそばには京都・奈良と東北、東京都甲州を結ぶ大きな街道が通っていたこともあって時代ごとの中央の文化も流入してきました。そのため住民の意識も比較的オープンで、「開かれた山村」という性格をもっていました。

● フィールドが遊び場

戦後は国道が整備されモータリゼーションが進んだため交通アクセスが良くなり、東京方面から多くの人が訪れることになりました。緑と清流に囲まれたフィールドは絶好のアウトドアレジャーの拠点ともなります。釣りやキャンプなど家族で楽しめる様々な施設も整備されてきました。

● もてなしのインフラ整備

自治体も10数年前から「観光立村」をモットーに、訪れる人をもてなす様々なインフラを整備してきました。温泉を中心に、宿泊、飲食、買い物なども快適にできる施設も整備されてきています。

● 働く場の確保

この地域のこれまでの産業は焼き畑や狩猟、炭焼きなどの生業的なものが中心でした。しかし、最近の若者にとってはそのような産業は働く場として魅力がなく、結果として人口の流出となっているのが現状です。

しかし、この地域は「山菜の宝庫」と言えるほどの資源があるのでこれを有効活用することができないかと考え、本書の最終章では「山菜王国」の構想を問題提起しています。そのような新しい取り組みの中で移住の促進やツアー企画なども初めて効果を持つと思うからです。

第2章

大自然のポケット

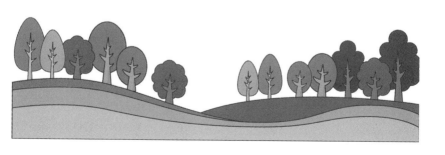

丹波山周辺の山と水系

　丹波山（たばやま）村は周りを雲取山、飛龍山、熊倉山、大菩薩峠をはじめとする 2000m 級の山々に囲まれています。

　それを源とする清流が丹波川に集まり、奥多摩湖にそそいでいます。これが東京都の水がめとなっているのです。

　そこには大きな森林が広がっており、水質保全のため十分な管理がいきとどいています。

　最近では青梅街道が整備されたこともあり、東京方面から多くの観光客が訪れるようになりました。

　ドライブコースからみる四季折々の風景には趣があり

ますし、登山やトレッキングコースは思い出深いものとなるでしょう。森の中に入るといたるところに森林浴の場があり、パワースポットの幻想にふけるのも心の癒やしになるでしょう。

丹波山周辺の山々と水系

(出所) 丹波山観光協会

大菩薩峠

第2章　大自然のポケット

登山・トレッキング

丹波山は周りを2000m級の山々に囲まれており、登山やトレッキングが楽しめます。

飛龍山　登り6時間35分　下り4時間50分

第2章　大自然のポケット

雲取山　登り5時間20分　下り3時間40分

大菩薩峠　登り6時間40分　下り5時間20分

笠取山　1953m

鹿倉山　縦走4時間40分

（出所）丹波山観光協会ホームページ

四季折々の風景

春

夏

第2章　大自然のポケット

秋

冬

丹波山カレンダーより

第3章

悠々の歴史・文化

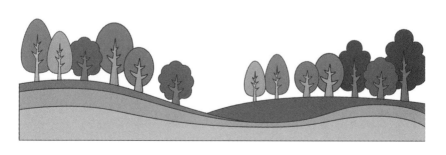

独特の生活文化

丹波山は高い山に周りを囲まれた秘境であり、長い歴史の中で、地域内で独自の年中行事や生活様式が育ちました。

伝統行事としては、正月の「松引き」の行事はこの地域にしかない貴重な行事です。春から夏にかけての祇園祭やささら獅子は京文化の影響を強く受けたものになってます。

また秋に行なわれる市民による文化・スポーツの会は大きな盛り上がりをみせます。そのほかの伝統行事や日常の人々の独特の生活様式が、全体として地域の生活文化となっています。地域で行なわれる祭りやイベントに参加したり、民宿などの形でこの地域に長く滞在すると地域独自の文化を感じ取ることが出来ると思います。独自の生活文化を含めて、地域の悠久の誇りとして残していきたいものです。

祇園祭りとささら獅子

独特の行事とイベント

 1月　1日　若水くみ
 1月　6日　歳とりの晩
 1月　7日　お松引き
 1月13日　カニブドウシ
 1月14日　お松焼
 1月17日　山の神祭り
 2月　3日　門松飾り
 2月　3日　節分
 3月　4日　ささら獅子
 4月　　　　花見
 5月　3日　漁協つり大会
 7月　7日　七夕
 7月15～16日　祇園祭り
 7月最終日曜　夏祭り
 8月15日　花火大会
 9月下旬　　まいたけ祭り
10月　4日　村民体育祭
10月18日　ヒルクライム in 丹波山、小菅
11月　3日　秋の大収穫祭
12月　3日　おこもり
12月24日　愛村さん

『丹波山村誌』『丹波山カレンダー』より抜粋

丹波山の歴史　開かれた山村

　丹波山は秘境の地でありながら、中央とつながる街道のおかげで、文化的に孤立することなく、「開かれた山村」という性格も持ち合わせていました。

　奈良・京都時代には京文化の影響を受けましたし、戦国時代には武田の金山の拠点として栄えました。また、江戸時代には「甲州裏街道」の宿場町として江戸文化の影響を受けました。戦後は青梅街道とつながったため交通の便が良くなり、東京方面から多くの観光客が訪れるようになっています。

　昔から「丹波山女と小菅男」と呼ばれており、人がよく、もてなしが上手だとされており、今でもその面影が感じられます。

　新しいことへの好奇心も強く、全体として前向きの雰囲気があります。

◆縄文時代・住居跡・土器

　丹波山の高尾地区から八王子にかけては、縄文時代から古墳時代にかけての遺跡が多くみつかっています。

　高尾の荒井遺跡からは、縄文早期（8000年前）の落し穴2カ所、土器片43個、及び各種の石器類がみつかっています。

　また、八王子には中田遺跡などの遺跡から、縄文時代から奈良・平安時代にかけての40数基の竪穴式住居跡が、約3平方メートルにわたってみつかっています。これは関東地方最大の建築で、今では遺跡広場となっています。

（出所）高尾山おまかせ

◆奈良・平安時代「東山街道」京文化の影響

　この地域には奈良・京都と東北を結ぶ国内5街道の1つ「東山街道」が通っていましたし、そもそも甲斐の国は甲斐源氏の血を引く一族によって支配されていました。

　平安の豪族の時代には源義光を祖先とする安田義定によって治められていましたが、戦国時代には武田の領地となり、これが今度は織田信長に滅ぼされるという悲劇がありました。徳川時代には甲州が徳川の戦略的な基盤だということで甲斐の国は天領になりました。

　丹波山には、はっきりとした文献は残されておらず、「丹波山」のルーツが京都の「丹波」と関係しているかどうかでさえはっきりしていませんが、今でも祇園祭りが行なわれていることからも、当時から京文化の影響を強く受けていたものと思われます。

『市田柿のふるさと』より

第3章　悠々の歴史・文化

◆戦国時代・武田の金山

戦国時代には、武田の金山として栄えました。そもそも、甲斐の国（山梨県）は鉱物資源が豊富でしたが、黒川金山と身延山金山は有名でした。

（注）山梨県の金山については、1986年から4年間大規模な遺跡調査が行なわれました。

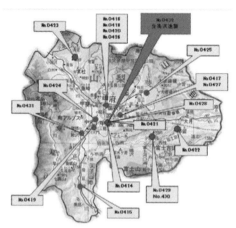

甲斐の国の金山遺跡

黒川金山　遺跡調査の現場

高橋方広寺

　金山の安全を祈願して現在の塩山市、「高橋方広寺」が祀られましたが、今も花の寺として有名です。
　特に丹波山に近い黒川金山は抗夫をはじめ関係者が多く住み「黒川千軒、丹波千軒」とも呼ばれ、女郎屋もありました。そのおいらんに関してこの地域には悲劇的な

民話が伝えられています。50人を超えるおいらんがいましたが、金山を閉鎖する時、秘密を守るため、橋の上で盛大な宴会を開き、宴たけなわの時に橋がきって落とされたというのです。それを祀るための丹波山には「おいらん堂」があります。

武田の金山は信玄のころが最盛期だったといわれていますが、勝家の時、織田信長に敗れ、閉鎖されることになりました。

おいらん堂

◆江戸時代・甲州裏街道の宿場町

　江戸時代には甲州裏街道の宿場町として栄えました。それを記念するため、新宿西口に碑が建てられ、東口とつながる地下道には宿場町のマップが描かれています。この甲州裏街道の全体についての書はありませんが、武蔵御嶽神社の菅笠（絵巻物）と『青梅街道を歩く』『青梅街道道中記』があるのでそのいくつかを抜粋して紹介しておきます。

　この道は歴史的な意味をもっているので文化遺産として登録することもいいと思っています。

甲州裏街道（旧青梅街道）の記念碑

　新宿～丹波宿～柳沢峠を経て甲州まで「歴史の道百選」（甲州裏街道）をめざす。

第3章　悠々の歴史・文化

新宿東口と西口の連絡通路

青梅街道

（甲州裏街道）

1603年、徳川家康は江戸城築城のために、青梅の石灰石運送のための道路をつくるよう大久保長安に命じた。

第3章　悠々の歴史・文化

　青梅街道は新宿追分で甲州街道と別れ、大菩薩峠を通って甲府の東側にある酒折村で合流する。
　1896年には大菩薩峠を迂回するバイパスができ、交通は容易になった。戦後は青梅街道が国道に組み入れられ東京方面からの観光客も増えるようになった。

新宿追分

（新宿3丁目）

江戸日本橋と甲州をつなぐ甲州街道は新宿追分で青梅街道と分岐します。甲州からくると、四谷から新宿が江戸への入り口となるため大きな宿場町となり、繁華街になりました。この地域には信州内藤藩の下屋敷があり（現在の新宿御苑）、その中では菜園が作られており、そこでとうがらしが栽培されていました。それが「内藤とうがらし」として有名となり、これが「江戸野菜」の出発点となりました。

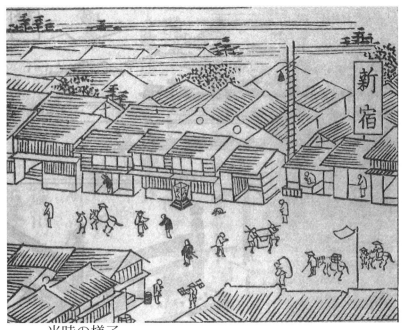

当時の様子

（出所）靱矢栄三氏所蔵「御嶽菅笠」より　　以下同様

第3章　悠々の歴史・文化

この追分の地は、日本橋に端を発した甲州街道から青梅・福生方面へ向かう青梅街道との分岐点であった。

現在の新宿3丁目

新宿元標

中野宿

神田川を越え中野に入ると大きな宿場町があります。武蔵野の中心にあるということで「中野」と呼ばれ、幕府の直轄地でもありました。この地の長者であった鈴木九郎が娘をなくして出家してできた成願寺があります。この寺には佐賀の鍋島藩主の墓地があり、名所です。

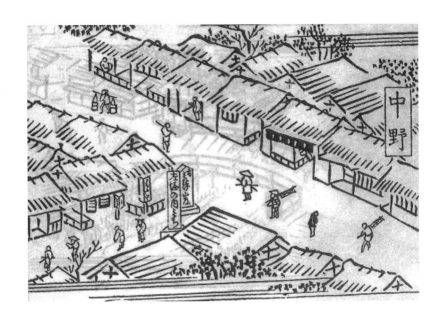

第3章　悠々の歴史・文化

現在の中野

成願寺

小川宿
田無宿
箱根ヶ崎宿

中野宿を出ると小川宿（現国立市）、田無宿、箱根ヶ崎宿と続きますが、次の青梅までは原野のような状態だったようです。現在、開拓当時の商家や農家の景観を復元しようとの動きもあります。

小川宿

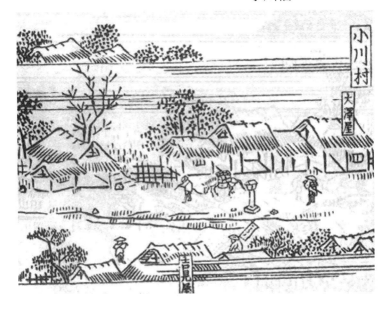

第3章　悠々の歴史・文化

現在の田無市

箱根ヶ崎宿

青梅宿

青梅では石灰が採掘されるので、江戸城築城のため家康が八王子の大久保長安に命じて青梅街道をつくらせ、ここ

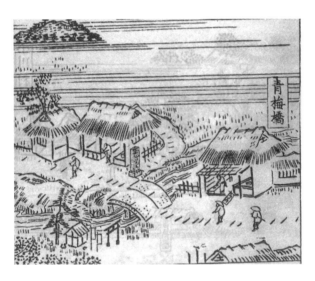

から石灰を江戸まで輸送していました。この鉱山道を「成木街道」といっていたので青梅街道を成木街道とも呼びます。大久保の本拠地は八王子におかれていましたが、当地を分所とし、色々な技術者も集めていました。

氷川宿

現在の奥多摩駅の周辺は氷川宿と呼ばれていました。明治時代に奥多摩湖が開発され、周辺の様子はかなり変化しましたが、今でも「むかし街道」が残されており、周辺は散策路としても趣があります。

丹波山への公共交通機関としては、JR奥多摩駅から西東京バスを利用することとなります。

現奥多摩駅

第3章　悠々の歴史・文化

鳩の巣渓谷

奥多摩湖憩いの道

奥多摩昔道

丹波宿

江戸時代、江戸から甲州への道として大菩薩峠越えの甲州裏街道がよく利用されていました。そのためには直前の

丹波宿の面影

丹波宿に宿泊する必要があったので、この地区が宿場町として栄えました。今でも旧道は当時の面影を残しています。

　明治時代になって大菩薩峠のバイパスができ、国道青梅街道となりましたが、この地区を経由していることには変わりがありません。この街道の整備によって東京方面からの交通アクセスは格段に良くなりました。

塩山宿
小原宿

丹波宿から甲府に向かうと「おいらん堂」そばを通り、尾崎行雄の水源調査の記念碑をへて、柳沢峠に至ります。

第3章　悠々の歴史・文化

　さらに進むと急な下り坂となり、甲府盆地へと入っていきます。ブドウ・リンゴ・キウイなどの果実畑が広がります。
　この道が昔の黒川金山の跡地でもあり、塩山にはそれを祀った方広寺もあります。
　しばらく行くと甲府の酒折宿に入り、ここが甲州街道との合流点になります。

酒折村（甲府市）

甲州裏街道は大菩薩峠を経て甲州に入り、塩山宿を経て酒折村に至ります。これが甲州裏街道の終点となります。

深い谷に架かる大橋

裂石温泉 雲峰荘

斜面に広がるブドウ畑

摩利支天尊堂

この地は甲州、武田の本拠地でもあり、江戸時代には天領ともなったので、長らく栄え、寺院や旧家も多く残されています。現在は、棚田や勝沼ワインとしても有名です。旧甲州裏街道（青梅街道）はここで甲州街（中央道）と合流します。

青梅街道と甲州街道の交差点

第4章

丹波山の楽しみ方

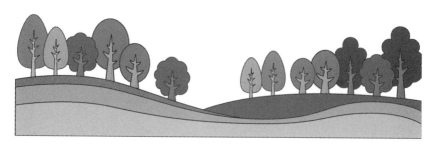

戦後、国道が整備され、モータリゼーションが進んだこともあって、東京方面から多くの観光客が訪れることになりました。自治体も10数年前から積極的に観光客を楽しませる施設を整備してきました。釣り堀、キャン

塩野泰史（絵本作家）作成

プ場はもちろん、丹波山城、ローラー滑り台、大吊橋などの整備です。 また観光客をもてなすための宿泊施設、「道の駅」飲食施設も充実してきました。

丹波山の楽しみ方ポイント

・ドライブ・登山・トレッキング
・アウトドアレジャー
　　（釣り、ボート・カヌー、キャンプ）
・エンターテインメント
　　（丹波山城、ローラーすべり台、大つり橋）
・祭・イベントへの参加
・散策
　　（おいらん堂、郷土民俗資料館、
　　　　　　　　　　　　グリーンロード）
・もてなしのインフラ
　　（宿泊、温泉、食事、買物）

アウトドアレジャー

都会の子供たちに大自然のフィールドでのびのび遊んでもらいたいとの思いから、釣り場、ボート・カヌー、キャンプ場、レクリエーション広場などの様々な施設が準備されています。

つり

ボート
カヌー

第4章　丹波山の楽しみ方

エンターテインメント

第4章　丹波山の楽しみ方

ローラーすべり台

中心地の南側、小峰山の山頂に丹波山城があり、ローラーすべり台の出発点になっている。

このローラーすべり台は全長247mあり、最近まで日本一の長さであった。

眼下には丹波山地区を一望でき、スリル満点である。

大つり橋

63

祭・イベントへの参加

丹波山では今でも独自の伝統行事が行なわれています。祭りやイベントに参加することによって地域の文化を深く感じることができるでしょう。また、民宿などで宿泊することにより、地域の生活文化にも触れることができるはずです。

季節を彩る丹波山村のまつり

お松引き

七草粥のあと取り払われる門松を、Y字型の木で作られた修羅と呼ばれる木そりの上に積み上げ、正面に干支を取り付け、村中総出で、神社まで引いていく。日本中でこの地域にしかない祭りです。

第4章　丹波山の楽しみ方

祇園祭

7月の祇園祭に、五穀豊穣を祈願して奉納される獅子舞。獅子3頭とそれを取り巻く花笠ささら、2人の白刃が一組となり、村中を練り歩く。民族色豊かなこの伝統行事は300年の歴史を持ち、県の文化財にもなっています。

夏祭り

　丹波やなが盛り上がる夏祭りはカヌー体験、マスのつかみ取り、歌謡ショーなどのイベントが盛りだくさん。

第4章　丹波山の楽しみ方

市民による文化・スポーツ活動

　丹波山の村民は文化・スポーツ活動にも積極的です。夏祭り、秋の運動会はもちろん、全員参加の様々なイベントがあります。

ヒルクライム

多摩川源流ウォーキングツアー

定期音楽会

第4章　丹波山の楽しみ方

清掃ボランティア

丹波山地域協力隊

丹波山村を元気づけ、地域の活性化を目指して、各種イベント企画・運営を行なっています。
・小さなg7サミット
・キヌア栽培
・ケーブルテレビ
・サークル運営

第5章

丹波山のもてなし

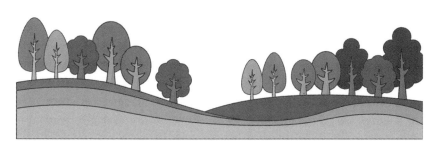

丹波山の散策マップ

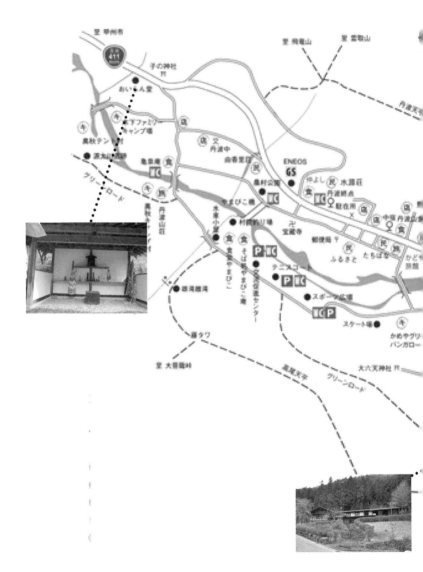

第5章　丹波山のもてなし

丹波山は十数年前から「観光立村」をモットーにして、そのためのインフラ整備に力を入れてきました。その結果、釣り堀やローラーすべり台などの施設はもちろん、宿泊、温泉、食事、買物など、もてなしのインフラも整ってきています。

◆交流促進センター

　交流促進センターという公共施設があります。集会所、キッチン、宿泊施設が備わっており、地域交流のための様々なイベントに利用されています。

◆郷土民俗歴史資料館

宿泊

旅館

かどや旅館
丹波山荘
ふるさと
たちばな

出所　丹波山観光協会

第5章　丹波山のもてなし

　一般の宿泊場所としては、かどや旅館のように古い歴史をもったもののほか、民宿やキャンプ場も整備されています。

民宿

キャンプ場

東キャンプ場

木下ファミリーキャンプ場

かめやグリーンバンガロー

丹波山自然休暇村キャンプ場

第5章　丹波山のもてなし

山小屋

鴨沢山の家

七つ石小屋

三条の湯

温泉

「のめこい」は丹波山の方言で「つるつる、すべすべ」という意味。泉質は単純硫黄温泉で、神経痛や筋肉痛に効能があります。施設にはレストランや買い物、憩いの場がそろっています。

のめこい湯

飲食

そば庵やまびこ

第 5 章　丹波山のもてなし

買物

道の駅たばやま

　平成 21 年オープン。大きな駐車場のほか、観光案内所、農産品直売所、軽食堂があり、丹波山の観光拠点です。「ジャガイモ祭り」「マイタケ祭り」「秋の大収穫祭」などの催しがおこなわれています。

道の駅たばやま　直売所など

第6章

受けつがれる山菜料理

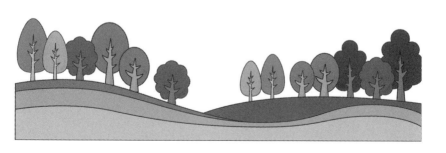

山菜の魅力

　丹波山の伝統的な村の生業や生活は、自然環境に制限されていました。古くは焼畑による芋類や大根の栽培、猪や鹿の狩猟、木材それにエネルギー源としての炭焼加工などが中心でしたが、今では産業として成り立たず、若者にとっては魅力あるものではありません。

　山菜はこれまで各地で生業的に採取され、地域内で消費されてきました。旬が短く、単品での量がまとまらないので一般の流通ルートにはのりにくかったのです。しかし、最近は人々の健康や安心への嗜好が高まり、食文化を大切にしようとの考えも広がってきたので、山菜に対する期待も高まっています。特に大都市の「賢い消費者」にそのような機運が高まっているのですが、今のところは多種類の山菜を入手する場がないのが現状です。

　そこで、地方の山菜を大都市の消費者に届ける新しい仕組づくりができれば、山菜を軸にした地方と大都市のつながりができることになります。本書では、山菜の宝庫で、丹波山を山菜のメッカにするのが面白いのではないか、という問題提起をします。

第6章　受けつがれる山菜料理

（注）山菜とは山林等に自然に育っている野生植物をいい、畑で栽培される野菜とは区別される。しかし最近では、キノコ、タラの芽、ウドのように畑で栽培されるものも出ている。その場合でも農薬や化学肥料を多用しているものは除かれる。

山菜の魅力

- **自然の恵み**
  日本は国土の70％を森林でおおわれそこには多種多様な山菜が育っています。農薬も化学肥料も使われていないので安心・安全です。
- **季節ごとの旬**
  山菜は地域ごと、季節ごとに旬があります。採取の手間や保存・流通の難しさがありますがその分季節の風雅を感じ取ることが出来ます。
- 健康に良い
  山菜は健康によく、昔は薬草としてもよく使われていました。今でも東洋医学の漢方は薬草ですし、料理でも精進料理屋薬膳料理でもつかわれています。
- **日本独自の食文化**
  日本人は縄文時代から山菜を自然の形で食していましたが、奈良・平安時代にはこれを風雅な食文化に高めました。その後も山菜を食文化として様々な形で利用し食生活を豊かにしてきました。これは世界に誇るべきものとなっています。
- **食事を楽しむ。**
  <u>今では**規格化**された単調な食材が多くなりましたが、そこに季節ごとの各地で採れた山菜が加わり、その料理方法が工夫されれば話題が豊かになり食事がたのしくなります。</u>

食用としての利用

　現在でも食用として頻繁に利用されているものは、「タラッポイ（タラの芽）」、「ウド」、「ワラビ」、「フキ」などです。最近では畑で栽培する一般家庭も増えています。以下、『丹波山村誌』の中から山菜についての記述を要約して紹介します。

・**タラッポイ**は、その芽を天ぷらや胡麻合えにして食べる。また根を煎じて胃薬としても利用する。
・**ウド**は４月末から５月にかけて採集し、茎の皮をむき、それをきんぴらや油いためにしたり、酢味噌をつけたりして食べる。
・**ワラビ**は、春に日向斜面で採集し乾燥保存をしておく。これは、特に丹波天平の茅刈り場で山を焼いた後に自生し大量に採れたが、今では山を焼くこともなくなり、以前ほど採れなくなってしまった。あく抜きをし、茹でた後、油いためや煮しめ、合えものなどにして食べる。
・**フキ**は、茎を煮物にする。また、３月半ばごろには、**フキノトウ**を茹でて酢漬けにする。
・**ヒル（ノビル）**は現在ではあまり利用されていないが、葉は細かく刻んで味噌の中に入れる場合が多い。これを**ヒルミソ**といい、茹でたジャガイモにつけて食べる。また、おからに入れて食べる場合もある。葉と根茎を茹でてあく抜きをし、ヨゴシにしたり、酢を入れて食べるこ

とも少なくない。

・**クサノハナ（ヨモギ）、ハコベ、アカザ、ヒョウ（イヌビユ）、コレイ（オオバキボウシ）**など家や畑のまわりにある野草は、戦争中・後の食糧難の時代に野菜の代わりに使われた。

・**クサノハナ**は、茹でて食べたり、餅の中に入れてクサモチにしたりする。

・**ネエネンボウ（オヤマボクチ）**も茹でたり餅の中に入れたりする。

・**ナラ**の実も、昭和20年前後の食糧難の時代に利用された。9月から10月にかけて実を拾い、臼でついて皮をとる。それから、よく茹でて「ソーダ（重曹）」を入れて、あく抜きをする。その後、乾燥させて粉にし、小麦粉や雑穀（アカモロコシ、粟など）の粉と混ぜて練り、焼き餅や粥などにして食べた。

・**トチ**の実は、まず厚い皮をむいてそれを砕き、1週間ほど水にさらしてあくを抜く。その後それを乾燥させて粉にする。明治の頃までは、粥や饅頭を作るのに利用したが、今ではまったく利用されていない。ほとんどの人がその利用法を知らない。

・**クズフジ（クズ）**は、春に根の中の5〜10cmほどの大きさの部分（「カズラ」という）を使う。これを石の上に置いて、木槌でたたき、たたいたものを水にさらしてあく抜きをする。しばらく置くと、「クズ」と呼ばれる白いデンプンの部分と「ノロミ」と呼ばれる土色の部

分とに分離する。「クズ」は、カゼ薬や胃薬、湯に溶かした「クズ湯」として、病人に与えた。「ノロミ」は、団子や饅頭にした。また、両方を混ぜたものを、「ハア」といい、それも団子や饅頭にして食べた。「クズフジ」もまた、戦争中・後に使われた。

・**ヤマユリ**の根は、蒸して、砂糖・醤油を入れ、キントンにした。昭和 30 年頃までは、結婚式の時の料理として使われ、普段はあまり食べられなかった。

・**エビ (ヤマブドウ、エビヅル)** は、実を絞って、汁を瓶の中に入れて発酵させ、ブドウ酒のようにして飲んだ。

・**カワノリ**は、後山川と小袖川から 8 月初旬に採取する。採取したノリは、20㎝四方の木製の枠を竹で編んだスダレの上に置き、その中へノリを細かく切ってふりまき、これを水の中へ浸した後、水を切り、枠をはずして、スダレのみを干す。これは、うどんや蕎麦の汁の中に入れたりする。

・菌類は**マツタケ、メータイ（マイタケ）、シメジ**をはじめとして、約 15 種類が利用されている。しかし、近年、植林によって、山のほとんどが人工林になってしまったために、菌類が出てくるような雑木林がなくなってしまい、あまり採れなくなった。

・**メータイ (マイタケ)** は、栽培することができず、珍しい菌類である。9 月頃、丹波川最上流まで入って、これを採ってくる。1kg、約 2500 円という高値で村内をはじめ、氷川、青梅方面に売りに出される。

最近ではまた、野生植物に詳しい観光客から今まで利用しなかった植物を教わり、新しい調理法も生まれてきている。たとえば、**ヤマニンジン**の葉の天ぷらや**アカシア（ハリエンジュ）**の花の天ぷらなどがある。

丹波山の山菜リスト（食用）

名称	利用部分	現在の利用状況	採取地	備考
アカザ	葉	不	路傍	あえもの
アクビ	実	○	山	
アザミ	若葉	不	路傍	あえもの
イタドリ	葉・茎	○	山	天ぷら
イワナ	葉	○	沢	天ぷら、おひたし
ウド	茎	◎	沢	
エビ	実	○	山	ブドウ酒
アシワ	葉	○	路傍	
カワノリ	全	○	後山川・小袖川	
クサノハナ	葉	○	路傍	
クズフジ	根	○	路傍	
クリ	実	◎	山	
クルミ	実	○	山	
クワイチゴ	実	○	畑	子供用
コレイ	茎	○	山	
サンショウ	葉	◎	路傍	
ジネンジョ	根	○	山	
シロザ	葉	○	路傍	
スズズ	実	○	山	
セリ	葉	◎	湿地	七草粥
ゼンマイ	胞子葉	○	沢	
タケノコ	筍	◎	山	

タラッポイ	芽	◎	山	天ぷら、ゴマ合え
チソ	葉	◎	路傍	
トチ	実	不	山	粥、饅頭
トトキ	葉	○	山	
ナラ	実	○	山	焼き餅、粥
ネエネンボウ	葉	○	奥山	餅に入れる
ハコベ	葉	不	路傍	
ヒョウ	葉	○	路傍	
ヒル	葉・根茎	○	土手	
フキ	葉・花茎	◎	山	
ママッコ	若葉	○	山	
ミズナ	葉	○	川端	
ミツバ	葉	○	山	
ヤツバ	葉	○	沢	
ヤマユリ	根	○	山	キントン
ヨメナワ	葉	○	山	
ワラビ	若葉	◎	日向斜面	
アシナガ	全	○	山	(菌類)
ウスズミ	全	○	山	(菌類)
カワヒキ	全	○	山	(菌類)
クリタケ	全	○	山	(菌類)
コウタケ	全	○	山	(菌類)
シイタケ	全	◎	山	(菌類)
シシダケ	全	○	山	(菌類)
シメジ	全	◎	山	(菌類)
ダンゴタケ	全	○	山	(菌類)
チダケ	全	○	山	(菌類)
ツツイ	全	○	山	(菌類)
ナメコ	全	○	山	(菌類)
ハツタケ	全	○	山	(菌類)
マツタケ	全	○	山	(菌類)
メータイ	全	○	山	(菌類)

出所『丹波山村誌』より

薬用としての利用

　薬用として利用される野生植物は、20種類ほどである（辞表参照）。現在では、一般に利用されることは少ないが、その中で**ヘビイチゴ**の焼酎漬けはよく使われる。

　マタタビの実を焼酎漬けにしている家庭もある。これを「マタタビ酒」といい、精力剤として利用される。

・**クサノハナ**は、戦争中・後に葉を乾燥させて、灸の代用としても利用した。

・**ドクダミ**もヘビイチゴと並んで現在でもよく利用されている。皮膚病には、薬をそのまま患部に貼り、内臓や鼻の悪い時には、葉や根を煎じて飲む。

・**ツチアクビ、トウヤク**は、なかなか探し出すことのできない珍しい植物である。前者は淋病や婦人病に、後者は胃腸病に利用される。

・**ロード、ジビョウソウ、ヒメユリ、サルノコシカケ**などは、住民が換金のために採取したものである。

丹波山の山菜リスト（薬用）

名称	利用部分	現在の利用状況	採取地	備考
イワタケ	全	○	山	胃腸薬
オオバッコ	根・葉	○	路傍	腎臓・肝臓の薬
オッカド	葉	○	山	腸薬
カラムシ	全	○	路傍	便所の防虫剤
キハダ	樹・皮	○	山	
ギンミズヒキ	?	○	山	頭痛
クコ	実	○	川端	ガンの薬
クサノハナ	葉	不	路傍	灸の代用
クズフジ	根	○	路傍	カゼ薬
サルノコシカケ	全	不	山	
ジビョウソウ	葉	○	路傍	腹痛
タラッポイ	根	○	山	胃薬
タニポポ	根・葉	○	路傍	
ツチアクビ	実	○	山	淋病・婦人病
テングタケ	全	不	山	換金用
トウヤク	全	○	山	胃腸薬
ドクダミ	根・葉	◎	路傍	皮膚病内臓疾患
ニワトコ	幹・葉	○	湿地	肝臓・冷え性
ハッカソウ	葉	○	路傍	頭痛薬（野生化）
ヒメユリ	根	不	山	換金用
ヘビイチゴ	実	◎	路傍	虫さされ
マタタビ	実	○	山	精力剤
ヤマバラ	実	不	山	下剤
ユキノシタ	葉	○	路傍	肝臓薬・耳病
ロート	根	不	山	換金用
ワスレナグサ	根	○	路傍	鎮痛剤

『丹波山村誌』より

第6章　受けつがれる山菜料理

おばあちゃんの山菜料理

芦澤千恵子(かどや旅館代表：おかみ)
炭焼三太郎（NPO法人日本エコクラブ理事長）
鈴木克也(エコハ出版代表　山菜王国普及協会副代表)

(三太郎)

　私は八王子に住んでいますので以前からこの地域によくきていましたが、山菜のプロジェクトをはじめてから、改めてこの地域を見ると、いかにも魅力的な地であると再認識しました。何よりも大きいのは泉質がよく、雰囲

気のある温泉と、かどや旅館でいただいた「山菜料理づくし」でした。そこで、これから発行する『観光立村！丹波山通行手形』の取材を兼ねて再度「山菜料理づくし」をいただこうとやってきたのです。

　このおかみはかどや旅館の7代目代表であり、100年の歴史を持つかどや旅館を継承している地域にとっても貴重な方です。

（おかみ）
　私はこの地域に生まれ育ったのですが、若い時にこの旅館に嫁としてきました。初めは料理などできませんでしたが、いつの間にか山菜料理を任されるようになりました。主人が10年前に亡くなり、経営もすべてまかされることになりました。

（三太郎）
　山菜料理がずらりと並びましたが、まずこれについて説明をお願いします。

（おかみ）
　本日準備しました料理はほとんどがこの地域でとれた

第6章　受けつがれる山菜料理

山菜を、この地域の伝統的料理法と、私自身が工夫した料理法で調理したものです。20品目ぐらいあると思いますがゆっくりと味わってください。

（料理の1つずつについて説明……文末）

(鈴木)

　ここの山菜料理は初めていただきますが、種類が多く、味付けも良い。まさに「山菜づくし」ですね。感動しました。私は青森や秋田で山菜料理を食べたことがありますが、これだけ細かく手をかけ、沢山の種類を小皿に盛りつけたものは初めてです。このような素晴らしいものがあることを東京の人はほとんど知らないのではないでしょうか。

　材料はどのように入手され、料理はどのようになさっているのですか。

(おかみ)

　ほとんどの材料はこの地域のもので、知り合いが取ってきてくれるのです。

　料理については、私と昔からの知り合いである日出子

さんとで作ってきましたが、最近は息子が戻ってきて手伝ってくれるので大変助かります。料理方法は昔からこの地域に伝わっているものが中心ですが、私なりに工夫したものもあります。

(三太郎)

　この辺りは甲州裏街道の丹波宿で、江戸時代から東京の新宿追分を出発点に、甲府の酒折宿までの12カ所の宿場町として栄えたと聞いております。

(おかみ)

　この宿は100年前に開設されたものですが、その頃でも大いに栄えたようです。

　その時の建物の写真は旧館の入り口に飾ってあります。部屋が街道に面していて障子を隔ててすぐ道になっていました。今では防犯や室温調整のため近代建築に代わりましたが、昔の方が趣があったかもしれません。

(鈴木)

　この地域の人々は源氏や平家の流れを汲むと聞いていますが、気質はどのような方が多いのですか。

第6章　受けつがれる山菜料理

(おかみ)

　自分でいうのもなんですが、昔から「小菅男にたば女」といわれ、器量よしで、お人よしの人が多いようです。

　街道に面した宿場町だったので、中央の文化が伝わりやすく色々の人が出入りしましたので、人をもてなすことにはたけていると思います。

　ここに住む人たちは地域の自然や風景にも誇りをもっています。丹波山小唄の中にもそれが歌いこまれています（小唄の歌唱）。

(三太郎)

　おじょうずですね。いいおもてなしになります。

　それにしても、これだけ素晴らしい内容があることを東京の人はほとんど知りません。山菜料理は健康にもよいし、風味がある。何よりも食文化としての深みもあります。この料理方法を伝承していくための仕組みがあってもいいのではないでしょうか。私たちは「山菜塾」の開設を企画していますが、そのカリキュラムに「山菜を知る。山菜を採る。山菜料理をつくる」の３つの要素を入れ込みたいと考えていますので、その際はよろしくお願いします。

(おかみ)

　私たちがしていることはそれほど特別なものとは思っていませんでした。ただ、地元で採れる山菜の豊かさ、昔からの料理法には誇りをもっており、心を込めて、手を抜かないで料理を作ることに努めています。

　情報発信については私自身は苦手ですが、これからそれが重要なことは十分承知しています。

(三太郎)

　私たちはこの地域を応援するために『丹波山通行手形』という本を発行しようと考えています。その中でこの旅館のことや山菜料理のことなども紹介させていただきます。本日はどうもありがとうございました。

第6章　受けつがれる山菜料理

山菜づくし　お料理の説明

前菜

<u>のびる</u>…しょうゆ、みりん、砂糖とゴマを入れて煮たもの。
<u>鹿肉の角煮</u>…鹿肉の干したものを煮たもの。
<u>フキみそ</u>…フキノトウのみそあえ。

しらえ…山ウド、えごま、くるみを豆腐であえ、こんにゃく、ニンジンを入れたもの。

わさび…ワサビの葉を塩おししておき、食べる前にそれを塩ぬきしてもどし、しょうゆ、砂糖、みりんでいためたもの。

イワタケ…山の清流の岩場に生育しているものを干して保存し、必要な時に戻して、塩、砂糖、みりんで味付けしたもの。

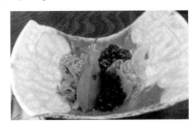

第6章　受けつがれる山菜料理

・・・

ユリ根…この地域でとれるカサブランカの根をゆがいたもの。

干し大根…大根を丸ごと干し、それを漬物にしたもの。シャキシャキ感があり、珍味である。

フキノトウ…フキノトウをゆがいておき、食べる前に酢につけて食べる。

天ぷら…フキノトウ、タラの芽、菜の花を高温でからりとあげる。

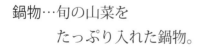

鍋物…旬の山菜をたっぷり入れた鍋物。

ヤマメ…清流でとれたヤマメの焼き物。

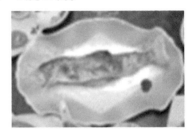

そば…当地域でとれたそば粉からつくったもの。

第6章　受けつがれる山菜料理

山菜料理

料理コンテスト

今後、山菜を普及していくにあたっては山菜のおいしい食べ方についての開発が必要です。その仕組みとして料理コンテストは非常に有効ですので、これをもっと積極的に推進していくべきだと思います。

料理専門家との連携

また、後述するような「山菜研究所」の最重要課題とすることも必要です。料理研究家との協力も不可欠です。

山菜料理メニュー

　ここで山菜料理メニューの例として、地域の料理研究家である寺岡美智子さんの12品目を紹介しておきたい。

　今後、この種のメニューが次々開発され、実際にも普及していくことが求められます。

ミズとさつま揚げの油炒め

〔材料〕

ミズ	1束
さつま揚げ	2枚
サラダ油	大1
めんつゆ	大2～3

〔作り方〕

① ミズは葉とスジを取り除き3cm位の長さにしてさっと湯がく。さつま揚げは5mm程の厚さに切る。

② フライパンにサラダ油を熱し①を炒め めんつゆで味付けする。

わらびの塩こうじマヨ和え

〔材料〕

わらび	200g
塩こうじ	大1/2
マヨネーズ	大1

〔作り方〕

① わらびを2～3cmに切り、塩こうじ、マヨネーズと和える。

わらびと油揚げの塩こうじ炒め

〔材料〕

わらび	150g
油揚げ	1枚
豚肉	100g
サラダ油	大1
塩こうじ	大1

〔作り方〕

① わらびは2～3cm、油揚げ、豚肉は一口大に切る。

② 熱めたフライパンに油を入れ①を炒め 塩こうじで味付けする。

わらびとホタテのパスタ風うどん

〔材料〕
- 冷凍うどん　　　　　1玉
- ベビーホタテ　　　　3～4コ
- わらび　　　　　　　5～6本
- オリーブオイル　　　大2
- ニンニク　　　　　　1片
- 塩、こしょう　　　　少々
- バター　　　　　　　5g
- 三葉(飾り用)　　　　1葉

〔作り方〕
① わらびは2～3cm、ニンニクはみじん切りにする。
② フライパンにオリーブオイルを熱し①のニンニクを炒める。香りが立ったら切ったわらびとホタテを炒める。
③ 電子レンジでうどんを解凍し②に加えて炒める。塩こしょうで味付けし、おろし際にバターを入れて溶かし風味付けをする。
④ 皿に盛りつけ、三葉を飾る。

姫たけと炒り卵の炒め物

〔材料〕
- 姫竹の子　　　　150g
- ごま油　　　　　大1
- 卵　　　　　　　2コ
- めんつゆ　　　　大1
- 砂糖　　　　　　小1

〔作り方〕
① 竹の子は斜め薄切りにする。
② フライパンにごま油を暖め①を炒める。端に寄せ卵を割り入れて炒り卵を作り全体を混ぜ合わせる。
③ 砂糖とめんつゆを加えて味付けする。

こごみのごま和え

〔材料〕
- こごみ　　　　　100g
- すりごま　　　　大1
- 砂糖　　　　　　小1
- しょうゆ　　　　大1

〔作り方〕
① こごみはさっと湯がいて一口大に切る。
② すりごま、砂糖、しょうゆを加えて混ぜ合わせる。

こごみのナッツドレッシングがけ

〔材料〕

こごみ	100g
フレンチドレッシング	大2
ナッツ（くるみ、カシューナッツ、アーモンド等）	大1

〔作り方〕

① こごみはさっと湯がいて一口大に切る。
② ドレッシングをかけ、砕いたナッツ類をトッピングする。

こごみとシーチキンの味噌マヨ和え

〔材料〕

こごみ	100g
シーチキン	小1缶
味噌	小2
マヨネーズ	大2

〔作り方〕

① こごみはさっと湯がいて一口大に切る。シーチキンは油を切っておく。
② 味噌とマヨネーズを混ぜ合わせ①と和える。

こごみと海苔佃煮の和え物

〔材料〕

こごみ	100g
海苔佃煮	大1½
レモン汁	少々

〔作り方〕

① こごみはさっと湯がいて一口大に切る。
② ①に海苔佃煮とレモン汁を加えて混ぜ合わせる。

こごみのたれマヨ和え

〔材料〕
こごみ　　　　　　　　　　　100g
スタミナ源たれ（焼肉のたれ）　大1
マヨネーズ　　　　　　　　　大1/2

〔作り方〕
①こごみはさっと湯がいて一口大に切る。
②たれとマヨネーズを混ぜ合わせて①のこごみと和える。

山菜寿司

　ミズノコブ、軍艦巻き（野菜寿司と同様な調理方法にて寿司ネタとする。調理方法の工夫がポイント）

　食材としての商品化（塩漬け、しょうゆ漬け、麹漬け）

地域ブランドとしての山菜

　丹波山には豊富な山菜がありますが、これまではそれを「地域ブランド」として強くは認識してこなかったように思います。こんにゃくやマイタケ、フキ、ワサビ、きうりなど、当地で採れる山菜を統一的にとらえ、うまく情報発信すれば、地域ブランドとしてもっと効果が上がると思われます。

　また、将来のことを考えれば何かもう一つコンテンツといえるものが必要です。例えば、新宿の名産となっている「内藤とうがらし」を集中的に栽培する、「忍者料理」を復活させる、お茶やそばの新しく展開するなどあげらるます。また薬草に注目して付加価値の高い商品をつくることなども考えられます。

　いずれにしても地域ブランド形成にあたっては、単独商品ではなく関連商品を束ねて、総合的に打ち出していくことが重要です。もちろんそれらの情報を発信する仕組みをもたないと成功には結びつきにくいことをつけ加えておきたいと思います。

地域ブランド

地域ブランドには「農産品ブランド」「加工品ブランド」のほか、「商業地ブランド」「観光ブランド」などが含まれます。

核となる単品のブランド化も可能ですが、そのためには相当魅力のある単品で打ち出す必要があり、世の中から広く受け入れられるのはそう簡単ではありません。これから求められるのはむしろ地域性を前面に出し、統一ブランドとして売り出すのがいいと思われます。

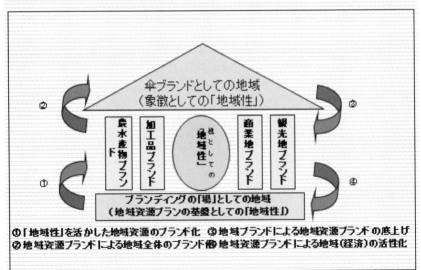

地域ブランド構築の基本構図

青木幸弘『今、なぜ地域ブランドなのか』

◆既存の特産品

マイタケ（メータイ）

　マイタケをはじめ、マツタケ、シメジなどのきのこ類は、当地域の特産品です。昔は自然の採取であったが、最近は植物工場での生産もされています。当地域では、おがくずだけで作るのではなく、天然の原木てつくる「原木マイタケ」が有名です。

わさび

　わさびは、流れのある清流が必須です。この地域では、その条件が十分であるため、魅力のある特産品として育てることが可能です。

こんにゃく

こんにゃくは、古くからの当地の特産物です。昔は焼き畑で自然栽培されていましたが、最近は手植え方式になってきています。

大正時代に伝えられ、昭和40年頃まで盛んに作られていました。その後、価格が低下したので減少していますが、「こんにゃくさしみ」などの高級品については、地域ブランドとしての価値があります。

きうり

きうりや、はやとうりなどのうり類は、当地域の特産品です。加工方法や保存方法などを工夫すれば、面白い商品となるかもしれません。

第6章　受けつがれる山菜料理

◆新しい商品づくり

　将来、山菜を活用して地域活性化をはかるには、既存の商品を売りさばいていくだけでは不十分です。これぞ丹波山の山菜といえるものを発掘し、新たに導入することが必要です。最近、取り組み始めたトウガラシや茶などもいいのかもしれません。

> **内藤とうがらし**
>
>
>
> 　1911年、信州内藤藩の下屋敷（現在の新宿御苑）において栽培が始められ、余ったものは青物市で販売されていた。これが「内藤とうがらし」として有名になり、「江戸野菜」の1つとなった。明治時代に、その菜園は政府によって没収されて、とうがらしの栽培はなくなったが、2009年、有志によって、「スローフード江戸東京」がこれを復活するプロジェクトを開始し、かなりの広がりを見せている。この歴史のあるトウガラシを丹波山でも栽培し、新宿と丹波山のつながりを示すシンボルにできればインパクトは大きいと考えられる。

山椒味噌

　山椒のやわらかい葉と本醸造の味噌とを混ぜ、酒・砂糖の調味料を入れて、びん詰の保存食とする。

①山椒 90 g に対して味噌 400 ～ 450 g
②やわらかい山椒の葉をよく洗い、水切りする。
③山椒の葉を細かく刻み、すり鉢でする。
④鍋に山椒と味噌を加え、調味料を入れる。
　酒（大さじ6）・味噌（大さじ6）・砂糖（大さじ6）
⑤火加減を中火にし、こがさないようにする。
⑥煮沸した広口瓶に入れ、蓋をきちんとする。冷蔵庫で保存する。

開発者：中本厳夫（山菜愛好者）

ワサビの花の食べ方

　ワサビの花を 3cm くらいに切りそろえ、約 80℃のお湯に 10 秒間浸す。軽くもんだ後、密封容器につめ、1晩おく。しょうゆをかけて食べると酒のさかなによい。

フキノトウの食べ方

フキノトウを採って、お湯で 2 ～ 3 分湯がき、酢をつけて食べる。

開発者：炭焼三太郎

忍者料理

　この地域周辺にも住んでいたと思われる忍者は、健康と修行のため山菜を中心とした料理や薬草を食していた。体臭を消し、精神を集中させる修行にも効果があった。ダイエットに良く、保存食にもなるそれらを現代風アレンジするのも良い。

(忍者食)
・玄米、麦、大豆、梅干し、ゴマ、黒砂糖、ウズラの卵
(薬草)
・しそ、よもぎ、ドクダミ、熊笹、おおばこ、南天、山椒

(現代風忍者料理：ゴマ餅)
・材料：上新粉、白玉粉、練飴、砂糖、黒ゴマ、きな粉
・料理法：
①練飴を 10 等分して丸める。
②白玉粉 25 g に水を 5 cc 加えなめらかにし、上新粉 50g を加えて練り合わせてまとめ、5 個に分け強火で 20 分蒸す。
③手に水をつけながら、②をのばして練飴を包み、きな粉をまぶし、その上に黒ゴマをまぶす。

山菜検定食味メニュー

- ヤマゴボウ…酢水につけ、アク抜き。柔らかくなるまで煮て、酒、みりん、醤油で味付けし、黒ゴマをふりかける。
- フキ…アクをとり茹でこぼして、酒、みりん、醤油で味付けする。
- 山椒…柔らかい葉をすり鉢ですりつぶし、土鍋に入れ、酒、みりん、醤油、を加え、弱火でよく練る。（おにぎりの表面に塗って焼く）
- 葉ワサビ…軽く茹でて、軽く絞り、酢味噌で和える。
- ツユクサ…軽く茹でてポン酢であえる。
- タンポポ…軽く茹でて豆腐と白和えにする。
- ハコベラ…柔らかい葉を中華スープの浮き身とする。
- ミツバ…お吸い物の浮き身にする。
- スイバ…ゴマ油で卵を加え、塩、コショウで味付けし、炒り卵にする。
- ギシギシ、ドクダミ…天ぷら油2：ゴマ油1で米粉を水で溶かし、片面につけ、素早く揚げる。
- ヨモギ…軽く茹でてしぼり、すり鉢でする。（ヨモギ10g、上新粉80g、白玉粉20g）に水を加え練り、蒸してから団子にして、串にさす。甘い小豆か、きな粉をまぶす。

開発者：石原佑子「山菜女王」テレビ出演、薬膳コーディネーター、自然食フードコーディネーター、ユニオン大学卒業、長寿学研究会終了

第6章　受けつがれる山菜料理

◆保存・パッケージの工夫

 さらに、採れた山菜の保存性をよくし、加工度を高めて付加価値を加えることも重要です。当面のテーマとしては、山菜の漬物、山菜スープや山菜のレトルト食品、山菜ヨーグルトなどがあります。これからは缶詰や冷凍食品の加工も必要となります。

 それらの加工・保存技術をバックに新しい山菜商品を次々生み出していく仕組み作りが求められます。その際、山菜だけでなく海藻と組み合わせたサラダセットを作るとか、最近、売り出された鹿の肉のソーセージなども関連商品としていいかもしれません。山菜を寒天に包んで、竹の筒に入れて売り出すなどもアイデアかもしれません。

山菜の缶詰・瓶づめ

 山菜を長く保存し、土産物とするのに、缶詰がいいのではないかとの検討がすすんでいます。

 そのためには加工工場が必要なので、第6次産業化のモデルとして考えられます。

鹿肉のソーセージ

　この地域には昔から猪や鹿などが生息し、猟は生業の1つでした。最近は猟師が減ったこともあって、特に鹿の頭数が増え、畑を荒らすようになっています。それを駆除する必要が出ていますが、鹿の肉は美味なので、その利用方法が求められています。

竹筒に入れた山菜（みつ豆）の寒天

　この地の山菜を寒天に包み、竹筒に入れて土産物とすることが検討されています。

　江戸の味を復元しました。

ドクダミ化粧水

　山菜を食品として利用するだけでなく、薬用として使う商品づくりも考えられます。その1つの例としてドクダミ化粧水を紹介しておきます。

(材料)
乾燥ドクダミ　10ｇ
ホワイトリカー　35〜42度　180cc
グリセリン　2〜3滴

(作り方)
①乾燥した広口の瓶を準備する。
②瓶にドクダミの葉とホワイトリカーを入れる。
③蓋をきちんとしめ、密閉する。
④1〜2カ月したらガーゼで濾してグリセリンを追加する。

第7章

丹波山の未来

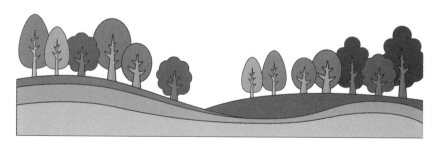

抱えている課題

　丹波山は豊かな大自然と長い歴史に培われた独自の文化をもっており、魅力に富んでいますが、他の山村と同じように、近年、若者の都市流出が激しく、人口の減少という大きな問題を抱えています。

　これらの問題は丹波山だけのモノではなく、日本全体で起こっている社会問題ですので、そう簡単に解決策があるわけではありませんが、それらの背景には近代化がもたらした生産と消費の分離が根本的にあることを確認しておく必要があります。

　しかし、この地は山菜の宝庫ともいえる豊かな山菜が採れるので、これを地域資源として活用し、山菜王国のメッカにできないかについて検討することにしました。検討の結果、現時点では必ずしも条件が十分整っていませんが、将来の可能性は大きいと評価されました。そこでこれを全国のモデルとして具体的に取り上げることにしましました。

　なお、東京都では最近、地方とのつながりを重視して地方創生と新しいコミュニティづくりを推進しようとのビジョンを打ち出しました。これらは私たちがめざしている「山菜王国」構築の方向にもあっているものと考えます。

第7章　丹波山の未来

丹波山村の課題

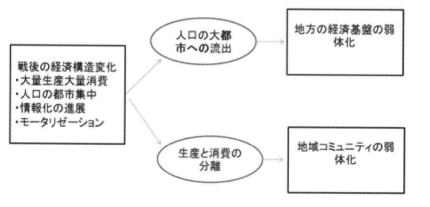

村長との対談
──観光の振興と産業基盤の強化──

岡部政幸（丹波山村長）

炭焼三太郎(ＮＰＯ法人日本エコクラブ理事長)

（三太郎）

丹波山はこれまで「観光立村」を掲げて積極的に観光客もてなしの施策をされてきましたね。

（村長）

この標語は先々代の村長が言い出したものですが、先代も私もそれを受け継いで積極的にインフラ投資を行なってきました。

まずは温泉が必要だということで候補地を探し、掘削をしたところ、運よく源泉が見つかりました。それが今の「のめこいの湯」です。泉質もいいし、温度も45度あるので最適でした。私の代では第2の源泉をということで掘削をし、現在の交流センターの近くで源泉を掘り当てました。泉質は非常に良いのですが温度が少し低いのが残念です。それでもこれを有効活用しようと沸かしながら使っています。

観光との関連では、村営のキャンプ場をつくりました。一時は大いに利用されたのですが、最近は利用客が減り経営が難しくなってきたので、この2年間は休業にしていました。しかし、それはもったいないという声が起こり、地元の商工会の方々が中心になってこれを再開することになりました。当面、これをどのように軌道に乗せるかが課題です。

(三太郎)

　観光客を楽しませるにあたって丹波山城のライトアップは効果が大きいと思います。今はライトアップされていないようですが、これももったいないと思います。私が丹波山に惚れこんだきっかけはこの丹波山城のライトアップだったので、ライトがついていないとなんだか寂しい気持ちになります。

(村長)

　ライトアップは観光客が多くなる時期に行なうようにしていますが、ぼちぼちそのシーズンでもあるので、もう一度検討してみます。

(三太郎)

　観光のもてなしの1つとして、祇園祭りや夏祭りは極めて大きな効果があると思いますが、もう少し情報発信に力を入れた方がいいのではないでしょうか。

(村長)

　確かに大都市への情報発信については大きな課題だと思っています。特に祇園祭りは、この地域に長く伝わっている伝統的な祭りで趣もありますので、もっと多くの方々にきていただきたいものです。

（三太郎）

祇園祭りには私も参加してみたいということで、今日、宿泊を予約したところです。このような人を呼び込むための企画をもっと戦略的に実施すると効果が大きいと思います。情報発信については、今回発行します『観光立村！丹波山通行手形』も有効に利用いただければ幸いです。

ところで、この地域にとって観光と並んで重要な課題として産業基盤の強化ということがあると思いますが、これについてはどのようにお考えになっていますか。

（村長）

産業基盤の強化が大きな課題であることは強く認識しています。この地域の産業としては、昔から焼畑農業、養蚕業、林業、狩猟業、炭焼業など生業的なものがありましたが、時代の変化の中で、いずれも衰退し、若者にとっては魅力のないものとなってしまいました。他の山村と同じように若者の大都市流出が大きな問題となっているのです。

産業基盤の強化に当たっては、まず森林を見直そうということで、商工会の方々ともいろいろ話し合っているところです。具体的なものとしは、環境問題とも絡めて、バイオマスによる温泉の加熱のためのプロジェクトをすすめています。今のところは2基の導入ですが、間伐材

の収集や運搬、メンテナンスなど、わずかでも雇用効果があります。先述したキャンプ場の再開も森林見直しの1つですし、ご提案いただいている山菜の活用も森林見直しと関連しています。

(三太郎)

この地域が「山菜の宝庫」であることから、これを活用した面白い展開があるのではないかというのが私どもの提案です。具体的には、この地域に山菜研究所や山菜塾を設立し、関東もしくは全国の拠点としたらどうだろうかと思います。

(村長)

山菜のシンクタンク機能を持たせることで、外部から東京家政大学家政学部栄養学科教授・中村信也教授などが出入りしてくれるというのは、私どもにとって魅力的です。さらに加工センターなどをつくって地域ブランド化を図れば、新たな雇用が発生することになり、願ってもないことです。

実は同じような発想のもとで、鹿肉加工センターやトウガラシみその加工センターもつくりましたが、マーケットが拡がらないことが問題です。これも何らかの工夫が必要だと思い、商工会の方々と話し合っているところです。

第7章　丹波山の未来

（三太郎）

　それらの問題は地域内だけで答えを出そうとするのでは限界があると思います。関東の大都市マーケット、あるいは全国、さらには世界をもにらんだ戦略的な発想が求められます。

（村長）

　おっしゃる通りで、私どもも外部の専門家の力を借り、他地域との連携にも力を入れようとしています。原発の影響調査ということで千葉大学の方々がきてくれていますし、流通ということでは、ある中堅スーパーの社長も関心を持っていただいています。他の地域との連携にも前向きで、5月19～22日には「小さな村サミット2016」を丹波山で開催することにしています。

（三太郎）

　山菜の普及と産業化にあたっては、その料理の作り方や食べ方から伝えていかねばなりません。先日泊まったかどや旅館では、20種以上の山菜料理が出て感動しました。その料理法はおかみであるおばあちゃんの頭の中にあるだけですので、その伝承のため「山菜塾」を開催するのがいいのではないか、というアイデアも生まれました。また、調理した山菜を缶詰や瓶詰にして地域ブランドにすることで産業基盤強化につながると思います。

(村長)

　山菜については地域の人々もなじみ深いのですが、それを地域ブランドとして考えた人はあまりいないのではないかと思います。確かにマーケットの側から見ると、その保存や流通とともに料理の作り方や楽しみ方がないと山菜の魅力を伝えられないと思います。

(三太郎)

　いずれにしても、産・官・学の力を結集して消費者のニーズに合った仕組みをつくり上げていかねばならないということですね。本日はお忙しいところ、いろいろありがとうございました。

「山菜王国」としての現状評価

「山菜王国」という観点から丹波山の現状をみると、どのように評価できるでしょうか。山菜王国普及協会では「5つ星の評価基準」を持っていますので、それにしたがって簡単に見ておきましょう。

①認知度

丹波山には山菜・薬草の種類は多くあり、これを地域資源として活用していく可能性は大きいと思います。地理的に大都市マーケットである東京に近いことは何かと有利にはたらくと思います。しかし、丹波山を訪れる人に、丹波山と山菜を結びつけて考える人はほとんどいません。地域の住民にとっても山菜がそれほどの宝だと思っている人は少ないと思われます。認知度はまだ低いといえます。

②地域関係者の意識

山菜が地域の資源として誇れるものであり、これを多くの人にも認知してもらいたいとすれば、行政をはじめ、地域の関係者がそのことを意識していなくてはなりません。当地域では民宿、商工会などがありますが、山菜を意識しているわけではありません。また、村役場としての意識と支援体制はまだできていません。

③地域資源の量と質（全国でのポジション）

　将来への発展については、山菜が多くあるので、方針を固め、輸送性や保存性のある商品をつくり上げ、販路を確保すれば、発展する可能性が大きいと思われます。村の「山菜研究所」（後述）など通じて、日本の中でのある程度のポジションを確保し、オリンピックなどを見すえて情報発信することも有意義だと思われます。

④料理などメニューの開発や加工・保存方法の工夫

　山菜は地域の住民にとっては日常的な食文化ですが、外部者からすれば、これをどのようにして食べればおいしいのかよくわかりません。また山菜は旬が短いためにその加工方法や保存方法を工夫しなければ商品となりにくいという性格をもっています。地域の評価としては加工や保存に関連する事業者がどれほど整っているかが問題となります。当地域はこれまでそのような問題意識は強くありませんでしたが、今後、それらを計画的に行なう仕組みも必要です。

⑤地域ブランドとするための努力

　山菜を地域ブランドにするためには、山菜についての一般的な情報だけでなく、地域の特色を捉えたホットな情報を収集・蓄積・発信する仕組みが必要です。例えば、山菜のプラットホームのようなものがあるといいのですが、今のところそのようなものはありません。

第7章　丹波山の未来

「山菜王国」の条件

　山菜を地域資源として活用するため、この地に「山菜王国」を構築しようとの構想が持ち上がっています。そのためには消費者である都市の人々、生産者である産地の人々、そしてそれを流通に結び付ける店や物流の人々の理解と協力が必要です。それらの全体がコーディネートできて、初めて「産業化」が可能なのです。

　（注）山菜の産業化については前著『山菜王国』の中で中村信也氏、炭焼三太郎氏、中﨑巧氏の対談でいろいろ語られています。

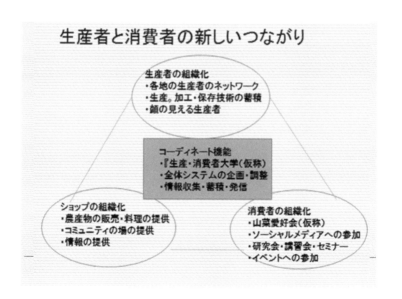

◆生産消費者大学

まずは山菜に対する生産者と消費者の理解を深めるため、2015年より「生産消費者大学」を開設し、公開講座を開いています。これまで東京・荻窪で8回の定例会をひらきましたし、八王子、鎌倉、丹波山で移動生産消費者大学を開催しました。

（注）生産消費者大学とは、米国の未来学者トフラーが将来、生産と消費を融合したプロシューマー（生産消費者）が大きな役割を果たすだろうとしたことからきています。

大学の運営方針
文科省の許認可と関係なく運営しますので、入退学自由、カリキュラムも自由、先生と生徒の関係も流動的で、ビジネスに関係することも自由で、完全な「自由大学」です。
開催場所も移動型とし、全国のあちこちで公開講座を開催することを考えています。

カリキュラム
・農と食の王国
・地域の活性化
・都市の新しいコミュニティづくり
・山菜の産業化
・地域産品のテストマーケティング
・若者・女性・高齢者の起業塾
・その他の社会的問題についての方向性

第7章　丹波山の未来

東京・荻窪で開催した
生産消費者大学の風景

生産消費者大学の案内

地域創生と新しいコミュニティ活動のために
「生産消費者大学」公開講座のご案内

少子高齢化・人口減少時代の都市におけるコミュニティ活性化と地方・地域の創生をはかるためには、生産と消費の融合が必要だとの考えのもとに、一般社団法人ザ・コミュニティでは、その事業活動の一環として「生産消費者大学」を開催しています。今回は以下のように企画しましたので、ふるってご参加ください。

1. 場所：阿佐ヶ谷地域区民センター（場所が変わりました。）
   （JR阿佐ヶ谷駅南口徒歩2分：）第4集会室
   （〒166-0004 杉並区阿佐ヶ谷1丁目47-17　03-3314-7211）

2. 日時：2015年6月4日(木)
   14:00～17:00

3. 参加費：1500円（テキスト代を含む。
   ザ・コミュニティ会員は1000円）

4. 講師：
   (1)「山菜のネットワーク」
   元公立はこだて未来大学教授　鈴木克也
   山菜産業化のための実践的活動を推進し始めています。
   東京都八王子市、山形県鶴岡市、青森県鰺ヶ沢町の連携について報告します。

   (2)「岡山での取り組み」　日本総合企画会長　釜堀信雄
   岡山県をはじめ全国の商品づくりの事例を紹介します。

   (3)「伊豆健康ブランド（年間スケジュール）」一般一級建築事務所代表　三綿澄子
   伊東市で取り組んでいる農業と健康の取組みを紹介します。

   ＊そのあと山菜検定やマスコミ対応など最近の新しい動きを紹介し、参加者の意見交換を行います。

5. 主催：一般社団法人ザ・コミュニティ、共催：NPO法人みんなの元気学校

6. 申込：下記の申し込みにてお願いします。（先着順定員40名）
   ザ・コミュニティ事務局　担当：鈴木(TEL:03-5335-7514)
   e-mail: daigaku@genkigakko.net

阿佐ヶ谷駅南口からパールセンター商店街に入り、ローソンの角を左折、50m先の右手

◆山菜検定

　その中には一般的な山菜の知識だけではなく、「山菜検定」をカリキュラムとして入れています。これは、山菜についての入門から初級、中級、上級、博士までの資格者を養成する目的を持っております。

　（注）「山菜検定」は東京家政大学の中村信也教授が中心になって国際薬膳協会が実施し始め、小松市では実績を上げているものです。山菜王国普及協会では、そこと連携しています。

山菜検定講座の風景

第7章　丹波山の未来

山菜検定の等級

（初級）山菜知識者……知識力とペーパーテスト
（中級）山菜鑑定者……現場を見分ける力
（上級）山菜達人……100種の山菜、
　　　　　　　　　　料理中の食材の見分け方
山菜名人……創作料理力
　　　　　（指定する山菜で創作料理をする）
山菜博士……漢方薬力（山菜の漢方名と効能をあてる）

24 これは何でしょう？

ヒント
1. 水気の多い渓谷に自生
2. 心形で葉脈がはっきりした葉
3. 茎が黒褐色

◆山菜入門検定

正式な検定とともに山菜愛好家をふやすために色々な機会に山菜入門検定を実施しています。サンプルを掲載しますので、試してみてください。ちなみに15問以上正解の方には山菜愛好家の証をさしあげています。

山菜入門検定

山菜は食べられる天然の野草をいう。一部畑で栽培されているものもあるが、ここでは天然のものを中心に考える。以下の設問を読んで、解答欄に正しければ○、誤りであれば×をご記入してください。なお本設問は『山菜の王国』(地域社会研究所発行、2015年)を参考にしている。

	設問	解答
1	タンポポは食べられるが、すいせんは食べられない。	
2	ワサビ、ゴボウは秋の山菜である。	
3	ドクダミ、ヨモギは山菜でもあり、薬草でもある。	
4	山椒、トウガラシは山菜ではない。	
5	山菜の種類は約100種類である。	
6	フキノトウはフキの芽であり、血糖価を下げる効果がある。	
7	ウド、タラ、コシアブラはウコギ科で同類である。	
8	セリ、ナズナ、ゴギョウ、ハコベ、ホトケノザ、スズナ、スズシロは秋の七草である。	
9	ワラビ、ゼンマイは湿気の多いところで採れる。	
10	農林省のガイドラインでは山菜は食べられる自然の野草、野菜は人工の畑で作られたものと記されている。	
11	タケノコは春の山菜、キノコ類は秋の山菜、といえる。	
12	山菜は縄文時代から食されてきたが、「山菜」という言葉が使われたのは戦後のことである。	
13	「陰陽五行」は紀元前に、中国でできた思想であり、自然は院と陽で動いており、木、火、土、水、金で成り立っているという考え方である。。	
14	「薬膳」はは中国の漢方と関係があるが、日本で開発されたものである。	
15	山菜は旬のものであるが、初旬、中旬、下旬といわれるようにサイクルが非常に短い。	
16	日本の食文化の原点には江戸時代に制定された「延喜式」が重要な格式となっている。となっている。	
17	山菜の流通ルートの「道の駅」は日本全国で100ヶ所、「アンテナショップは500ヶ所かある。	
18	日本の国土面積の約50％は森林である。	
19	森林の二酸化炭素吸収力は大きく、二酸化炭素削減目標の約50％を占める。	
20	日本には自治体が2000あるが、そのうち山村は200ぐらいあり、いずれも過疎化の問題を抱えている。	
21	2015年の外国人の日本訪問は2000万人を超えた。	

第7章　丹波山の未来

◆愛好者のコミュニティ形成

　将来はその愛好者を会員制として、「山菜愛好者の会」を組織し、ネットを通じて山菜のホットな情報を「山菜かわら版」というような形で提供するとともに、会員間の交流を促進する企画を提案し、会員間の情報交換もしてもらいたいと思っています。

山菜愛好者の会について

　山菜愛好者の仲間をつくるため、ネット内に「山菜コミュニティ」を形成します。添付の申込用紙にメールアドレスなどの情報を記入し、年会費1000円を郵便振り込みしていただければ仲間になれます。

会員の特典

・山菜に関するホットな情報を適時ニュースレター
　「山菜かわら版」でお知らせします。
・「生産消費者大学」「山菜検定」「山菜交流ツアー」などの
　参加費を割引します。
・山菜愛好者同士の情報交流に参加できます。
・山菜愛好者向けの各地の山菜情報をお知らせし、割安で入
　手できるようにします。
・今後、拡充していく山菜愛好者の店などで割引特典を付け
　ていきます。

山菜王国ネット（トップページ）

第7章　丹波山の未来

山菜愛好者の証

　等級の他にもう一つ「入門検定」を設けています。これはできるだけ多くの人に検定を受けてもらい、山菜の愛好者になってもらいたいと考え

ているからです。現在は入門検定に合格した人に対して「山菜愛好者の証」を配布しています。

山菜セミナー・山菜ツアーの企画

　山菜愛好者には、山菜ツアーや山菜パーティを企画し相互の交流を図ってもらいます。

　2015年には、八王子で山菜パーティを催しました。

産地のネットワーク

　山菜の産地については、全国各地にある産地を訪問し「山菜王国」の仲間になっていただくように努力しています。各地につながることによって、特色のある旬の山菜を途切れなく供給する仕組みができます。

　これまでのコンタクトでは、青森県鰺ヶ沢町、山形県鶴岡市、北海道北見市、東京都八王子市などからサンプル的に商品提供を受けています。そのほかにも、全国には山菜の産地として、名乗りを上げている地域が多くありますので、そのようなところにも声をかけていくつもりです。

山菜王国連合の構想

山菜の産地を結び、ゆるやかなコミュニティを形成することによって山菜普及を促進する。
・ブランドの統一
・山菜王国パスポートの発行
・山菜検定の実施
・山菜王国サミットの実施
・山菜王国プラットフォーム（情報発信）

第7章　丹波山の未来

山菜王国ネット
新菜王国協会協会

お問い合わせ

| 山菜王国とは | 山菜コミュニティ | 生産消費者大学 | 産地ネット | 山菜の楽しみ方 | 丹波山プロジェクト |

産地ネット

日本各地には山菜の宝庫ともいえる山菜の産地があります。そうした地域と緩やかな連携をとり、山菜の流通を試みるとともに、将来は「山菜の王国連合」をつくろうと構想しています。

- 北海道北見市
- 北海道函館市
- 青森県鰺ヶ沢町
- 秋田元気村山菜王国（秋田県）
- 山菜王国いわいずみ（岩手県）
- 山形県鶴岡市
- 山形最上山菜王国（山形県）
- 環境王国こまつ（石川県）
- 高山ひだ山菜王国（岐阜県）
- 山菜王国魚沼（新潟県）
- 山梨県丹波山村
- 東京都八王子市檜原村

○ 山菜王国とコンタクトのある地域
○ 山菜王国の名称を使用している地域

青森県鰺ヶ沢町

山形県鶴岡市

第7章　丹波山の未来

東京マーケットへのアクセス

　山菜の普及を図っていくには、生産者と消費者を組織化とともに、流通の仕組みがなければ実際にはうまく機能しません。特に、巨大な消費力を持つ東京マーケットアクセスが重要です。

　これについても実証実験が必要なので、先の生産消費者大学で試食販売を行うとともに、東京荻窪で「あさ市」に出店してみました。また、鎌倉では山菜スープに限定してアンテナショップも行ってみました。今後は山菜や薬膳の専門店、ふるさと居酒屋などとの連携が必要だと思っています。

生産消費者大学での試食会

西荻窪あさ市出店

鎌倉アンテナショップ

　この東京マーケットへの進出にあたり、最近、好都合な動きも起こっています。2015年に出された「東京都総合戦略ビジョン」では、東京都が地方都市と連携することを戦略ビジョンとして掲げています。(下表参照)

> （参考）東京都総合戦略ビジョン
> ＊東京都では、2015年に東京都総合戦略を作成した。
> ＊それに基づいて、2015年10月に「東京と地方が共に栄える、真の地方創生」を発行した。
> ＊「東京と地方が共に栄える、真の地方創生」の実現に向けた取り組み
> ・基本目録1…世界をリードし、発展し続ける国際都市・東京（東京ならではの観点）
> ・基本目録2…誰もが希望を持ち、健やかで生き生きと暮らせる都市・東京　（「ひと」「しごと」の観点）
> ・基本目録3…安全・安心で、将来にわたって持続可能な都市・東京

「山菜研究所」設立の検討

　丹波山を山菜王国のメッカにするという構想を実現するために、そのシンクタンクとして「山菜研究所」の設立を検討しています。

目的

　地方再生とコミュニティ再生のため、「山菜王国」を構築し、そのための具体策として丹波山に「山菜研究所」設立の検討をしています。

活動内容

①調査・研究

　当面、丹波山の課題や魅力を調べ、山菜王国の可能性を考察します。特に山菜については、既存の山菜だけではなく、新しい作物の導入も含めてその活用の可能性を検討し、情報の蓄積に努めます。現在、準備しているプラットホームの山菜王国ネットが立ち上がった段階では、それらをまとめて情報発信することを考えています。

②料理メニューの開発

　丹波山で採れる山菜の料理方法を研究し、山菜のおいしい食べ方のレシピを作ります。また、山菜の保存をよくして、使い勝手をよくするための研究も行ないます。

③地域ブランドになるような商品の開発
　唐辛子や現時点では主力でないものも含めて、将来、丹波山の特産品となるような商品づくりを行ないます。

④東京マーケットへのアクセス
　丹波山の山菜を東京マーケットに持ち込むための仕組みづくりを行ないます。東京での朝市やアンテナショップなどで販売できるようにします。将来は商品仕入れや物流機能についても考えます。

⑤様々な機関との連携
　山菜王国の構築に当たっては、様々な機関との連携が欠かせません。全国の山菜王国との連絡を含めて、開かれた組織をめざします。

⑥情報の収集・蓄積・発信の継続
　山菜に関する情報を総合的かつ継続的に収集し、タイミングよく情報発信を続けます。

組織
　組織については自治体と民間の協力体制が望ましいと考えます。施設や一般管理は自治体が分担し、シンクタンク機能は民間が分担します。
　財務基盤を固めるために民間の出資、協賛金や会費収入を考えます。

第7章　丹波山の未来

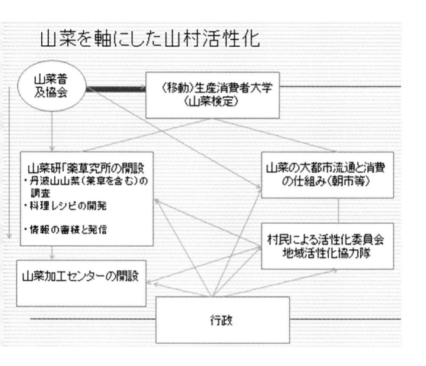

むすび

　本書は観光のため丹波山を訪れる人だけではなく、これから丹波山の地域づくりのため働こうとしている人にも役立つように、丹波山の過去・現在・未来の全体についてみてきました。

　内容的には、丹波山の大自然の恵みと独自の文化が大きな魅力を持っていることを指摘した上で、他の山村とは違って「開かれた山村」であることに着目しました。

　幸い、この地が山菜の宝庫なので、これを地域資源として「山菜王国」のメッカにすればいいのではないかという提案を行ない、「山菜研究所」開設の検討を始めています。これが実現すれば、全国の山村の活性化のモデルとなるはずです。

　最後になりましたが、本書制作にあたっては岡部政幸村長、船木隆嘉さんをはじめ多くの関係者に大変お世話になりました。心から感謝の意を表します。

2016年5月
炭焼三太郎
鈴木克也

特典と協賛

　本書発行を記念して協賛で特典をつけてくださった施設・お店、またご協賛いただいた会社・団体を紹介させていただきます。

道の駅たばやま　（直売所）

住所　山梨県北都留郡丹波山村 2901
電話　0428 － 88 － 7070
　本書をお持ちいただき、1000 円以上お買い物をされた方に「たばグッズ」をプレゼントいたします。

軽食堂 R411　（道の駅に併設）

　平成 25 年リニューアルオープン
　1000 円以上の飲食された方にコーヒーをサービスさせていただきます。

かどや旅館（芦澤千恵子）

甲州裏街道丹波宿の老舗旅館（創業100年）
・おかみ手作り山菜料理
・本書提示の方には山菜料理1品を無料で追加
・「のめこい湯」の割引券
住所：山梨県北都留郡丹波山285
電話番号：0120 - 75 - 1180

株式会社ナチュラル（代表取締役：吉崎正治）

- 天然素材にこだわり研究「安定型水素パック」の開発
- 他社製品の委託生産（小ロット生産）
- 自社のオリジナルブランド

ハチミツシリーズ
純国産の生はちみつを配合した自然派＆保湿系スキンケアシリーズです。

豆姫
豆乳ヨーグルトから作られた洗い流すタイプのフェイスパックです。

ぷるる
天然素材をベースにして作られた石鹸で、今までにないゆで卵のような感触の石鹸です。

本社：東京都台東区東上野6－10－8
電話：03－5806－9118

新宿社交料理飲食業連合会(会長:根本二郎)

花と緑の町づくり

東北大震災復興支援活動

内藤唐辛子プロジェクト

マチ・ムラをデザインする
一般社団法人　ビレッジ・デザイン
新宿区新宿1丁目19－6－503
090－5212－8265
代表　根本二郎

SBIエナジー株式会社
代表取締役社長　中塚一宏

取材・編集等でご協力いただいた方々

重盛光明（イラストレーター）
根本二郎（一般社団法人ビレッジ・デザイン理事長）
塩野泰史（絵本作家）
岡部政幸（丹波山村長）
船木隆嘉（丹波山役場　総務課）
中本巖夫（山菜愛好家）
芦澤千恵子（かどや旅館代表）
石原佑子（山菜女王）
奈田美智子（地域料理専門家）
佐藤昭仁（元朝日新聞記者）
斉藤豊（山菜愛好家）
荒野綾子（山菜検定中級資格者）
大野輝夫（山菜検定中級資格者）

山菜王国普及協会	
会長	中村信也　東京家政大学教授
会長代行	鈴木克也
副会長	中﨑巧
	炭焼三太郎
	永井弘美

参考文献・資料

- 丹波山村誌編纂委員会『丹波山村誌』1981 年 3 月
- 丹波山村誌編纂委員会『大きな自然のポケット』2013 年 3 月
- 武蔵御嶽神社菅笠解説書
- 山本和加子著『青梅街道』1984 年
- 中西慶爾著『青梅街道』1982 年
- 青梅街道道中記 http://home.e02.itscom.net/tabi/oume/oume.html
- 青梅街道を歩く http://home.att.ne.jp/sea/yahiro/oomekaido.html
- 成田重行著『新宿内藤とうがらし』2015 年 10 月
- 中野区民俗調査第 3 次報告『青梅街道周辺地域』
- エコハ出版『地域活性化の理論と実践』2010 年 10 月
- 日本地域社会研究所『柿の王国』2013 年 1 月
- 日本地域社会研究所『山菜王国』2015 年 3 月
- 丹波山村公式ホームページ
- 丹波山観光協会ホームページ
- 各種パンフレット、各種資料

著者紹介

炭焼三太郎（すみやき・さんたろう）

　1997年、八王子市恩方地区の醍醐地区に恩方一村逸品研究所を創設。炭焼きの知識と技術の普及を図るとともに、炭焼きによる地域おこしや環境ビジネスのアドバイザーとしても全国を飛び回る。現在、内閣府認証NPO法人日本エコクラブ理事長、一般社団法人ザ・コミュニティ副会長、広域中央線沿線楽会世話人、DAIGOエコロジー村村長を兼ねる。編著書に『炭焼三太郎物語』『コミュニティ・プロジェクト』他多数がある。

鈴木克也（すずき・かつや）

　大阪市立大学経済学部卒業。野村総合研究所にてリサーチャーとしてマーケティング調査・研究に携わる。
　ベンチャーキャピタル・ジャフコ審査・調査担当、公立はこだて未来大学教授（ベンチャー論、環境経済学、地域論）を経て、企業組合クリエイティブ・ユニット代表理事。エコハ出版代表。一般社団法人ザ・コミュニティ理事。主な著書・編著に『環境ビジネスの新展開』『地域活性化の理論と実践』『ソーシャルベンチャーの理論と実践』『アクティブ・エイジング』『地域における国際化』『柿の王国』など多数がある。

観光立村！丹波山通行手形

2016年6月1日　第1刷発行

著　者	炭焼三太郎・鈴木克也
編　集	エコハ出版
発行者	落合英秋
発行所	株式会社 日本地域社会研究所
	〒167-0043　東京都杉並区上荻1-25-1
	TEL　(03)5397-1231(代表)
	FAX　(03)5397-1237
	メールアドレス　tps@n-chiken.com
	ホームページ　http://www.n-chiken.com
	郵便振替口座　00150-1-41143
印刷所	中央精版印刷株式会社

©Sumiyaki Santaro&Suzuki Katsuya　2016 Printed in Japan
落丁・乱丁本はお取り替えいたします。
ISBN978-4-89022-180-6